Bestell-Nr. RKW 5177

2. Auflage 2024

© 2020 by Kawohl Verlag 46485 Wesel

Texte: Doro Zachmann

Titelbild: Getty Images / Frank Günther

Innenbilder: H. P. Merten (8-9), A. Pohl SCJ (10-11), Getty Images / Andrey Moisseyev (12-13),
Getty Images / hirma (14-15), Getty Images / den-belitsky (16-17), A. Pohl SCJ (18-19),
Getty Images / Zoonar RF (20-21), Getty Images / ARUIZHU (22-23), Getty Images / Natnan Srisuwan (24-25),
Getty Images / ipopba (26-27), R. Blesch (28-29), Getty Images / hookmedia (30-31),
Getty Images / welcomia (32-33), Getty Images / hsiangwentung (34-35), Lars Basinski (36-37),
C. Ringer (38-39), Getty Images / andhal (40-41), Getty Images / eggeeggjiew (42-43),
Portrait der Autorin: C. Wenk (44)

Gestaltung: Kawohl Verlag / Ruth Konrad
Druck und Bindung: Drukarnia Dimograf, Bielsko-Biala, Polen

ISBN: 978-3-86338-177-6                                    www.kawohl.de

# Wenn das Herz voll Trauer ist

Doro Zachmann

# Vorwort

Ein geliebter Mensch ist gestorben
und hat Sie für immer verlassen.
Ihre Trauer wiegt bleischwer.

Ich wünsche Ihnen, dass Sie sich durch
die Worte dieses Buches verstanden fühlen.
Mögen sie zu Ihrem Herzen sprechen,
Sie begleiten, ermutigen, stützen und stärken.

Möge Gott Ihnen jeden Tag einen Lichtstrahl
schicken in Ihr dunkles Trauertal.
Mögen liebe Menschen um Sie sein
und Sie auf Ihrem schweren Weg begleiten.

*Doro Zachmann*

Es kann nicht sein!
Gerade warst du noch
zum Anfassen nah
auf Augenhöhe,
dein Lachen
klingt noch im Raum,
in meinem Kopf
höre ich immer wieder
deine letzten Worte,
sehe noch deinen Blick.
Unsere letzte Berührung
bekommt ganz neu Gewicht.

Du bist nicht mehr,
kommst nicht mehr,
nie mehr zu mir zurück.

Schock lähmt mich,
Verzweiflung füllt
mein Innerstes aus,
ein Abgrund tut sich auf,
endlos tief, klaffend,
verschlingt mich ganz und gar.

Nie wieder
wirst du
mit mir reden?
Nie mehr
mit mir lachen
und weinen?

Nie wieder

bei mir sein,
mich halten?

Das kann nicht sein!
Ich kann es nicht,
will es nicht fassen.
Nicht glauben.
Nicht begreifen.

Statt dessen greife ich
ins Leere, ins Nichts.

Alles in mir ist tot.
Ich bin mit dir gestorben.

Endstation.
Alles aus und vorbei.
Kein Weiterkommen mehr
und rückwärts leben geht auch nicht.

Als wäre ich mit voller Wucht auf eine Wand geprallt,
deren Existenz ich nicht wahrhaben wollte,
so bin ich nun mit der unausweichlich
brutalen Wirklichkeit konfrontiert,
dass du nicht mehr bist.

# Sackgasse

Innehalten muss ich, mich besinnen,
die blutigen Wunden meiner Seele verbinden,
zur Ruhe kommen, mich neu orientieren,
wie es nun weitergehen soll, ohne dich.

Sprachlos
stehe ich vor dem Unbegreiflichen,
schüttel fassungslos den Kopf,
will mir nicht ausmalen,
was es heißt, zu leben ohne dich.

Du bist gegangen,
ich bin noch hier,
und wir wussten beide nicht,
dass es das letzte Mal sein würde.

Wie soll ich nur von dir Abschied nehmen?
Es fällt mir so unendlich schwer,
dabei haben wir doch viel Übung darin:
So oft schon haben wir uns gedankenlos voneinander
verabschiedet, Adieu gesagt in der vermeintlichen Gewissheit,
einander selbstverständlich wiederzusehen.

Alles gäbe ich jetzt darum, dich noch einmal zu halten,
von dir noch einmal umarmt zu sein, dir meine ewige Liebe
zu versichern. So vieles ist noch ungesagt, staut sich in mir,
macht mir das Atmen schwer.

Ach, könnte ich doch die Zeit zurückdrehen,
die kostbaren Jahre mit dir
noch einmal erleben,
ganz bewusst
jeden einzelnen Tag
als Geschenk verstehen.

Wohin soll ich jetzt
mit meinen unausgesprochenen Worten,
der nicht gegebenen Vergebung,
den ungeteilten Erlebnissen,
der zurückgehaltenen Zärtlichkeit,
der ungenutzt verstrichenen Zeit,
der zu sparsam gezeigten Liebe?

In mir brennt die unstillbare Sehnsucht nach dir,
verzehrt mich von innen, lässt mich leer zurück.

# Nichts ist mehr, wie es war.

Ich brauche dich, du fehlst mir so.
Wie soll ich nur ohne dich
weiterleben?

Am Ufer stehend blicke ich auf den

# Fluss unseres Lebens,

erkenne Windungen und Kurven,
sehe Strudel und kleine Wasserfälle,
erinnere mich an einige Hindernisse,
die wir überwunden haben
oder umgehen mussten,
um gemeinsam
weiterzukommen.

Ja, wir saßen in einem Boot,
wechselten uns ab
beim Rudern und Steuern,
vertrauten unsere Träume
dem rauschenden Wasser an.

Nun ist unser Boot gekentert,
ich konnte mich an Land retten,
aber dich hat der Fluß
mitgenommen und bereits
ins große Meer getrieben.

Ich stehe noch immer am Ufer,
zittere vor Schock und Kälte,
habe Angst vor der einsamen Nacht,
die jetzt über mir zusammenbricht
und kann einfach nicht aufhören zu weinen.

Obwohl ich doch weiß,
dass es nicht möglich ist,
halte ich angestrengt Ausschau,
verzweifelnd hoffend,
dass du zurückkehrst zu mir.

Ich kann dich nicht loslassen.
Wann wache ich aus
diesem Alptraum auf?

Noch immer habe ich das Gefühl,
du kommst jeden Moment
zur Tür herein und fragst erstaunt,
warum ich so weine.

Ich weiß, Liebe heißt auch,
den anderen gehen zu lassen
und ihm nicht mit dem eigenen Schmerz
seinen Weg zu verbauen.

Aber da ist so viel Wut in mir,
dich verloren zu haben,
so viel Bitterkeit,
allein gelassen zu sein,
ängstliches Fragen nach Schuld,
was ich hätte anders machen können,
und diese grenzenlos
schwere Sinnlosigkeit,
alles durchdringende Traurigkeit.

Ich will dich festhalten,
bei mir halten,
behalten und gleichsam
in meinem Herzen
Ja sagen, dass du

# deinen Weg

fortsetzen kannst,
ohne mich,
auf den Straßen des Himmels.

Manchmal stehe ich neben mir,
habe das Gefühl,
nur Zuschauer zu sein,
halte behutsam Abstand.
Als ginge mich mein Unglück selbst nichts an,
als sei dies jemand anderem passiert.

So kann ich mich vermeintlich
ein bisschen schützen
vor dem unbeschreiblichen Schmerz.
Diese seltsam ungekannte innere Leere
verdeutlicht, wie viel Fülle vorher war.

# Du fehlst mir so sehr!

Das Wort Einsamkeit
hat für mich ganz neu Gestalt angenommen,
im Grunde verstehe ich es erst jetzt.

Egal, was ich tue, egal, wo ich bin,
egal, wer bei mir ist,
fühle ich mich so schrecklich allein,
spüre die Lücke, die du hinterlassen hast.
Nichts und niemand vermag sie auszufüllen.
Nie wieder wird es einen Menschen wie dich geben,
dich gibt es einfach kein zweites Mal,
niemand kann dich je ersetzen.

Dieser Gedanke ist schmerzlich
und tröstend zugleich.

Mein Gott,
es ist so schwer zu verstehen,
dich zu verstehen.

Obwohl du wusstest,
was du mir damit antust,
hast du es getan.
Und ich weiß und spüre,
dass du mit mir leidest,
dass es dir Leid tut für mich
und du mich trösten willst.

Unzählige Fragen stelle ich dir,
meine ganze Verzweiflung breite ich vor dir aus,
berge mich in deinen Armen,
gebe dir mein wundes Herz,
weiß es dort in besten Händen
und wüsste nicht, wo sonst.

Nun muss ich mit Tod und Trennung
in meinem Leben weiterleben,
muss schrecklichen Schmerz ertragen,
und weiß mich dennoch von dir getragen.

Du, Gott, verlässt mich nicht,
das war von jeher dein Versprechen
und darauf baue ich in dieser Zeit
ohne Boden unter den Füßen.
Deine Wurzeln greifen tief
und ich erlebe:
Du bist das Einzige, *was Halt gibt.*

Auch wenn sie mir den Schmerz nicht nehmen können,
so bin ich dankbar für Menschen,
die mir in dieser dunklen Zeit zur Seite stehen.

Mir ist, als versuchte das Licht
durch kleine Zeichen zu mir durchzudringen:
Ein offenes Ohr, eine Schulter zum Anlehnen,
das einfach nur Gehaltensein, gemeinsam geweinte Tränen,
schweigendes Mitleiden, gut gemeinte Worte.

Es tut gut, mich zuzumuten, und zu erleben,
dass ich Freunde habe, die mich aushalten können,
die nicht zurückweichen vor der Wucht
meiner Verzweiflung.

So sind sie mir *Engel,*
von Gott
geschickt und ich erlebe
im tiefsten Tal meines Lebens:
Ich kann nicht tiefer fallen
als in seine Arme.

Früher, wenn du für eine Zeit fort warst,
habe ich dich vermisst und liebevoll
sehnsüchtig an dich gedacht.
Das Wissen um deine
bevorstehende Rückkehr
hat das Warten
und Sehnen versüßt.

Die Gewissheit, dass du nun
nie mehr zurückkehren wirst,
zerreißt mein Herz.

Und doch ist da plötzlich
aus dem Nichts ein Geräusch,
ein Duft, ein Gedanke, und ich spüre
und weiß, du bist bei mir.

Die vielen Erinnerungen,

## kostbare Schätze,

die mein Herz sammelt und hütet,
halten unsere schönsten Momente wach
und geben mir das Gefühl, dir ganz nah zu sein.

Es ist, als ob du von weit weg
deine Hand zu mir herüber streckst
und mir aus der Ewigkeit zulächelst.

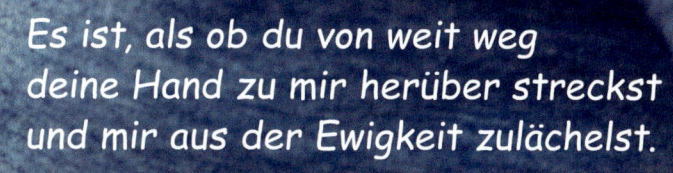

## Dankbar

schaue ich zurück
auf die lange Wegstrecke,
die wir miteinander gehen durften
und sehe deutlich all die Spuren,
die du in meinem Leben
hinterlassen hast.
Unsere Liebe trägt mich
auch über deinen Tod hinaus.

# Mein Herz ist so schwer,

meine Seele randvoll
gefüllt mit großen Steinen,
die mir das Atmen schwer machen.
Die Last droht mich zu erdrücken,
erstickt das Leben in mir.

Die unzähligen Tränen
sind wie fruchtbringender Regen
für meine ausgedörrte Seele,
das Weinen lässt die Traurigkeit
in mir abfließen, mehr und mehr.

Bewusst lasse ich mich fallen,
wissend, dass da einer ist, der mich auffängt.

Und langsam, ganz langsam, spüre ich nicht nur im Schlaf,
wenn auch der Schmerz ruht, wie ein Frieden nach mir greift,
der nicht von dieser Welt ist, ein Hauch von neuem Lebensmut
mein Herz berührt, ein Geborgensein in starken Armen,
die mir helfen, die schweren Steine abzutragen,
Stück für Stück.

Du bist nicht tot! Du bist weiterhin lebendig
in deinen Kindern, deiner Familie, deinen Freunden,
deinen Werken, in all den vielen Erinnerungen
an gemeinsam verbrachte Zeit.

In meinem Herzen hast du für immer eine Bleibe
und ich werde liebevoll bewahren, was ich durch dich
an innerem Reichtum gewonnen habe.

Du hast so viel Liebe, Güte, Wahrheit, Licht
und Humor in mein Leben gebracht.
Nichts davon wird verloren gehen, denn der Tod
kann mir nicht rauben, was du meiner Seele für immer
hinterlassen hast.

Deine wunderbare Einzigartigkeit
und dass du sie
mit mir geteilt hast, ist Gottes großes Geschenk an mich.

Und siehst du mich jetzt, betrübt dich bestimmt
meine traurige Seele und ich bin sicher, du wünschst dir,
dass ich zurückfinde ins Leben.
Du lebst in mir weiter und willst, dass auch ich weiterlebe.
Ich will es versuchen, dir zuliebe.

Ich stehe an deinem Grab
und weiß, dass du nicht hier bist.
Ich muss dich nicht suchen,
ich weiß dich

## bei Gott geborgen.

Unser Leben ist eine einzige Unruhe,
und erst bei Gott kommen wir wirklich zur Ruhe,
sein tiefer Frieden umgibt dich nun ewiglich,
kein Schmerz, kein Leid, kein Kummer
machen dir nun mehr zu schaffen.

Am Tag, als wir uns zum ersten Mal begegnet sind,
hat Gott mir lächelnd zugezwinkert.

Am Tag, als er dich zu sich holte,
hat er mich fest umarmt
und seither nicht mehr losgelassen.

Ich lege Blumen auf dein Grab
und bin sicher, dass sie bis zu dir
in den Himmel blühen.

Du bist schon mal **vorausgegangen**
in die Ewigkeit, jenen Ort
bei Gott ohne Anfang und Ende.

Vor meinem eigenen Tod
verliere ich immer mehr Angst,
weil ich weiß: Wir werden uns dann wieder sehen.

Unsere Liebe wird im Himmel noch größer sein,
weil wir nicht befürchten müssen,
uns noch einmal zu verlieren
und durch die Trennung jetzt
erst wirklich begreifen, wie viel
wir einander sind und bedeuten.

Ich finde Trost in dem Gedanken:
Wenn ich einst auf das große Tor zugehe,
hinter dem das ewige Licht scheint,
wirst du mich dort strahlend
empfangen.

Meine Seele ist

Ein großer Spalt
klafft in der Mitte.

Ich erlebe,
dass du, mein Gott,
eine Brücke bauen willst,
die wunden Hälften
wieder zu verbinden.

Jeder liebe Brief,
jedes mitfühlende Wort,
jede zärtliche Umarmung
und allein das Wissen,
dass jemand an mich denkt,

kittet mein zerschundenes Herz,
heilt mein verletztes Ich.

Mein Gott, ich bitte dich,
gib, dass die Brücke jeden Tag ein Stück
tragfähiger wird und mich aushalten kann,

standhält
meinem Schmerz,
meiner Trauer,
meinem Sehnen,

und gib mir jeden Morgen neu
die Kraft, den Mut und das Vertrauen,
weiterzugehen, einen Fuß
vor den anderen zu setzen,
Hand in Hand mit dir.

## Danke,

dass du mich nicht loslässt.

Wie kann das Leben einfach so
**weitergehen**
als sei nichts geschehen?
Weiß es denn nicht, dass du nicht mehr bist?
Warum bleibt die Zeit nicht stehen,
obwohl es sich manchmal genau so anfühlt?

Aber, hast du gesehen?
Ich habe heute zum ersten Mal wieder gelacht.
Welch eine Befreiung, welch ein Aufatmen.
Ich weiß, dass du dich mit mir darüber freust,
schließlich siehst du mein Ringen.

Ich versuche mühsam wieder Fuß zu fassen,
in dem, was sich Alltag nennt,
aber ich kann und will nicht Schritt halten
mit dem schnellen Tempo,
der oberflächlichen Geschäftigkeit
und diesem Lärm der Welt.

Der Rückzug in die Stille
hat mich vertraut gemacht mit meiner
sensiblen Seele und ich habe mich selbst
neu kennen gelernt.

Dein Tod wird mich immer schmerzen,
aber darin spüre ich auch,
dass du für mich lebendig bleibst.

Der Gedanke, eines Tages wieder hoffnungsfroh
und zuversichtlich sein zu können, gibt mir Kraft,
den heutigen dunklen Tag zu überstehen.

Ich weiß dich an einem anderen Ort
und doch immer bei mir, ich weiß Gott
an meiner Seite, und bin nie mehr allein.

# Ich ahne ganz sacht,

dass das Schöne
und Gute, die Freude und das Lachen,
nicht verloren gegangen sind,
sondern nur verdeckt waren
von all der Schwere und dem Schmerz
und nun mehr und mehr
sich wieder zeigen mögen.

## Doro Zachmann,

ist 1967 in Aalen geboren und dort aufgewachsen. Die Diplom-Sozialpädagogin versteht sich als Familienfrau und engagiert sich darüber hinaus als Referentin und Autorin. Sie schreibt autobiografische Bücher und konzipiert farbenfrohe, inspirierende Kalender und Bildbände.

Gemeinsam mit ihrem Mann, dem Psychotherapeuten Wolfgang Zachmann, hat sie vier erwachsene Kinder und fünf Enkel.

Ihr geistliches Zuhause sieht die beliebte Autorin seit vielen Jahren in der Freien evangelischen Gemeinde Karlsruhe.

Sie ist Mitbegründerin und Mitarbeiterin des Autoren-Laden-Event-Cafés „Sellawie" in Forst/Baden und arbeitet ehrenamtlich in einem Minikindergarten. In ihrer Freizeit ist sie kreativ, reist gerne, liest viel und verbringt sehr gerne Zeit mit Familie und Freunden.